Eines Tages reiste die Katze ans Meer.
Der Hinkekater mit dem einen Auge hatte ihr davon erzählt.
»Da ist Sand, viel Sand! Und dahinter nur noch Wasser,
mächtige Wogen. Sie rollen heran und schlagen ans Ufer.«

Da hatte die Katze nicht lange überlegt.
Sie packte ihren Reisebeutel und ging los.
An der Tankstelle vorbei und dann bei Grün über die breite Kreuzung. Schnell noch beim Fleischer rein und die Dose mit leckerem Hackfleisch gefüllt.

Die Straße entlang bis zum Ende, vorbei an der Ulme. Gleich dahinter war der Bahnhof. Er war aus gelben Backsteinen und riesig.

Die Halle war voller Menschen, die alle
ans Meer wollten. Sie drängelten und
rempelten und schubsten, bepackt mit
Sonnencreme und Schwimmreifen.
Die Katze folgte ihnen zum Bahnsteig 7.
Dort warteten alle auf den Zug.
Eine einzelne Katze und sehr viele
Menschen. Bestimmt einhundertfünfzig
Stück. Und mittendrin die Klasse 2b,
sie machten einen Ausflug.
Ganz am Rand stand der kleine Ei.
Eigentlich hieß er Eilert Fidi Cornelius.

Jetzt kam der Zug, eine mächtige Schlange aus Stahl. Alle stiegen ein.
So tat es auch die Katze. Sie schlüpfte durch die Tür und sprang auf einen leeren Platz am Fenster. Dort würde sie die beste Aussicht haben, auf vorbeiziehende Wolken und Wildblumen. Und auf die interessanten Schrottplätze am Stadtrand.

Niemand wollte neben Ei sitzen, weil er nach Kuhstall roch. Das lag daran, dass er auf einem Bauernhof wohnte, zusammen mit seinen Eltern und einem Hund.
Neben der Katze war noch Platz. Also setzte sich Ei neben die Katze. Sie sagten nichts, sondern sahen sich nur an.
Der Zug fuhr los und die Katze machte es sich bequem. Sie rollte sich zusammen und schnurrte behaglich. Ein Sonnenstrahl brachte ihr Fell zum Leuchten.

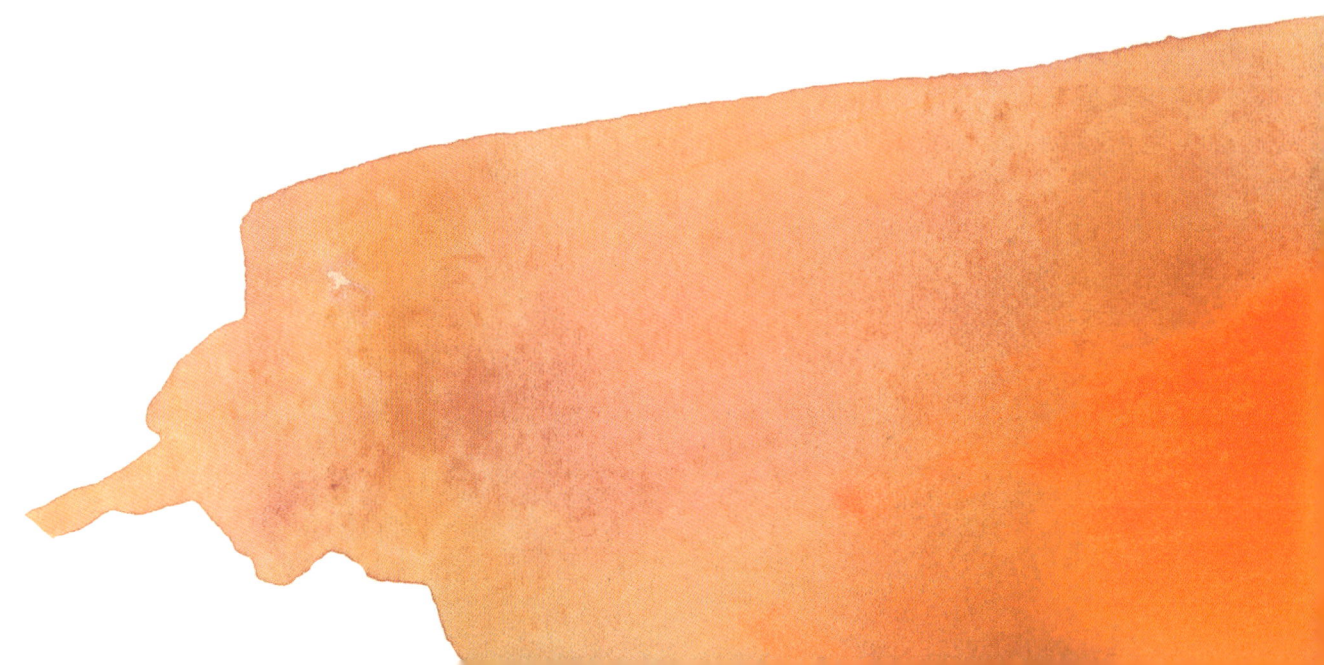

Ei guckte immer nur vor sich hin. Oder er schniefte.

Er holte ein Zitronenbonbon aus der Hosentasche und steckte es sich in den Mund.

»Ey, Rührei!«, riefen ein paar Jungs ihm zu. »Guck nicht so!«

Ei kümmerte sich nicht um sie. Er lutschte und schniefte.

»Ey, Spiegelei!«, riefen die Jungs. »Hör mal auf, so doof zu schniefen!«

Ei guckte nach draußen. Draußen stand eine alte, rostige Mehlfabrik.

»Weichei! Weichei!«, riefen die Jungs.

Zwei Mädchen kicherten.

Bis zum Meer war es ein weiter Weg. Er führte durch Ortschaften und Wälder. Die Katze beobachtete alles aufmerksam. Manchmal wurde sie müde und ruhte sich aus. Als sie hungrig wurde, fraß sie von ihrem Hackfleischvorrat.

Sie war die Katze. Sie tat, was richtig war.

Plötzlich wurde sie geweckt.
Ein großer Mensch in Uniform stand über ihr und sah sie streng an.
»Ihre Fahrkarte, bitte«, sagte er.
Die Katze streckte sich. Dabei zeigte sie ihre scharfen Krallen.
»Ihre Fahrkarte!«, sagte der Mann ungeduldig.
Die Katze fauchte leise und richtete sich auf.
»Wer keine Fahrkarte hat, muss raus aus dem Zug und darf nicht ans Meer«, sagte der Mann. »Außerdem muss er Strafe zahlen!«
Die Katze fauchte bedrohlich.
Ei verfolgte all das mit offenem Mund. Immer, wenn ihm etwas unheimlich war, stand ihm der Mund weit offen.
»Gleich kommt die nächste Station«, rief der Mann und sah die Katze wütend an. »Dann verlassen Sie den Zug. Vorher aber zahlen Sie 60 Euro.«
Die Katze fauchte ihn wild an, ihre Zähne blitzten auf. Ihre Augen wurden zu schmalen Schlitzen und ihr Schwanz peitschte hin und her.

»Schon gut, war nicht so gemeint«, brummte der Mann nervös. »Sie sind ja eine Katze. Da darf man auch mal keine Fahrkarte haben. Wünsche weiter eine gute Reise und einen angenehmen Aufenthalt am Ozean!«
Die Katze miaute. Sie zog die Krallen wieder ein und streckte sich zufrieden.
Ei lächelte sie schüchtern an.
Immer näher kam das Meer.
Die Bäume an der Böschung rauschten auf.

An der Endstation Bahnhof am Ozean stiegen alle aus.
So tat es auch die Katze.
Schon am Bahnsteig konnte man den Meerwind riechen,
diesen Duft nach salziger Flut. So roch es sonst nirgends.
Die Katze war ganz hingerissen und machte sich gleich auf
den Weg. Bald schon war sie bei den Dünen angekommen
und lief hinauf.

Das Meer war an diesem Tag in glänzender Stimmung.
Der Wind trieb die schneeweiße Gischt an Land, dass es eine
Lust war. Das Meer schäumte und machte Geräusche.
»Komm doch!«, rief es der Katze zu.
Ein paar Katzensprünge nur – schon war sie unten am Strand.
Sie wälzte sich vergnügt im Sand. Sie rannte zum Ufer, spielte
mit den auslaufenden Wellen und leckte daran. Das Meer
schmeckte wild und abscheulich.

Als sie müde wurde, legte sie
sich in den Sand und fraß Hackfleisch.
Rot stand die Sonne über dem Meer.
Die Brandung rollte heran.
Die Möwen schrien.
Der Wind sang sein raues Lied.
Da stand Ei neben ihr.
»Die sind alle gemein zu mir«, sagte er.
Die Katze sah ihn an.
»Die sagen, ich stinke.«
Die Katze miaute leise.
»Alle bei uns riechen so. Das kommt
von den Kühen.«
Die Katze rekelte sich im Sand.

»Ich mag das, wie wir riechen«, sagte Ei. »Immer, wenn ich nach Hause gehe, riecht es schon von Weitem nach Kuhstall. Dann weiß ich, ich bin gleich da.«
Die Katze streckte sich.
»Aber sonst mag das keiner. Ich hab keinen einzigen Freund.«
Die Katze fauchte.
»Ich bin fast immer allein«, sagte Ei. »Ich sitz oft unterm Kirschbaum und denk nach. Oder ich geh runter zum Fluss und bau mir ein Boot. Wenn ich groß bin, fahr ich damit nach Kanada.
Zum Glück ist Oskar da. Er ist vielleicht ein bisschen dick, aber er kommt immer überall mit hin. Er darf auch bei mir im Bett schlafen!«

Die Katze begann, sich ausgiebig zu putzen.
Ei setzte sich neben sie und sah ihr zu.
Als sie fertig war, sprang sie auf seinen Schoß und schnurrte wie sieben Tiger.
Lange saßen sie so da. Am Horizont fuhr ein stolzes Schiff.
»Jetzt muss ich gehen«, sagte Ei. »Unser Zug fährt gleich ab.«
Er machte sich auf den Weg zum Bahnhof am Ozean.
So tat es auch die Katze.
Wieder war der Bahnsteig voller Menschen. Ein paar von ihnen hatten einen Sonnenbrand, ihre Köpfe glühten. Der Zug stand abfahrbereit da. Die Dämmerung legte sich über die Gegend.

Die Katze fand wieder einen
Fensterplatz. Es war alles so richtig,
dass sie vor Vergnügen laut miaute.
Dann rollte sie sich zusammen und ruhte sich aus.
Ei saß ein paar Plätze weiter vorne, doch diesmal
war er nicht allein.
Er saß neben einem Mädchen mit Augen wie Rabengefieder.
Er sagte etwas zu ihr. Sie lachte.
»Ey, Eierkopp, biste etwa verliebt?«, riefen die Jungs.
Ei achtete nur auf das Mädchen. Alles andere war unwichtig.
»Ei, Ei, Ei, was seh ich da? Ein verliebtes Ehepaar!«,
sangen die Jungs.
Ei scherte sich nicht um sie und sah in die Augen wie
Rabengefieder.
Auch der Mann in Uniform kam wieder vorbei. Als er
die Katze sah, tat er so, als würde er sie nicht sehen und
ging schnell weiter.

Jetzt fuhr der Zug in die große Stadt ein.
Am Bahnhof warteten schon die Eltern.
Alle stiegen aus.
So tat es auch die Katze.
»Ich hab jetzt eine Freundin«, sagte Ei zu ihr,
als sie auf dem Bahnsteig standen.
Die Katze schmiegte sich an die Beine
des Mädchens.

Dann schlenderte sie durch den Abend.
Auf einem Mauervorsprung saß der Hinkekater.
Die Katze sprang zu ihm und berichtete von allem,
was sie gesehen hatte. Besonders von Ei erzählte sie.
»Das Meer macht alles neu«, sagte der Hinkekater.
»Es tut immer, was getan werden muss.«

Die Katze holte ihre Dose raus
und schenkte ihm den Rest Hackfleisch.
Dann machte sie sich auf den Heimweg.
Es war nicht weit.

**Will Gmehling** wurde 1957 in Bremen geboren. Er veröffentlicht regelmäßig Kinder- und Jugendbücher, die in viele Sprachen übersetzt werden. 2020 gewann er den Deutschen Jugendliteraturpreis. Er lebt in Bremen und Köln.

**Isabel Pin**, geboren 1975 in Versailles, studierte Illustration in Straßburg und Hamburg. Ihre vielfach ausgezeichneten Bilderbücher schreibt und illustriert sie für deutsche wie französische Verlage. Sie lebt und arbeitet in Berlin.

Besucht uns auf Facebook und Instagram!

**TULIPAN-Newsletter**
**Tolle Lesetipps kostenlos per E-Mail!**
www.tulipan-verlag.de

**© Tulipan Verlag GmbH, München 2021**
Alle Rechte vorbehalten
1. Auflage 2021
Text: Will Gmehling
Bilder: Isabel Pin
Druck: Firmengruppe APPL, aprinta druck GmbH, Wemding
ISBN: 978-3-86429-474-7